Little People, **BIG DREAMS**™

MARY ANNING

en español

Escrito por
Maria Isabel Sánchez Vegara

Ilustrado por
Popy Matigot

Traducido por
Ana Galán

Frances Lincoln
Children's Books

La pequeña Mary era la décima hija de los Annings, una familia
que vivía en un pequeño pueblo en la costa sur de Inglaterra.
Cuando era tan solo un bebé, un rayo partió un roble bajo
el que se encontraba. Mary sobrevivió milagrosamente.

Aunque sus padres eran muy pobres, ella siempre estaba dispuesta a ayudar. Le encantaba acompañar a su padre en busca de caracolas y huesos por los acantilados. ¡Uno de ellos parecía el diente de un cocodrilo!

De vuelta a casa, Mary pasaba horas limpiando sus tesoros con la esperanza de venderlos a los turistas que visitaban su pueblo. Al poco tiempo, todo el mundo sabía dónde encontrar el pequeño puesto de caracolas de Mary.

Mary solo iba a la escuela los domingos, pero eso le dio la confianza para aprender a leer y escribir.

Un día, una señora rica compró una de las caracolas
de Mary y le regaló un libro que la dejó impresionada.

Al leer el libro, descubrió que el diente que había encontrado
no era de un cocodrilo, sino de un animal que había habitado
la Tierra hacía millones de años. El diente se había transformado
en un fósil, y buscar fósiles se convirtió en su gran pasión.

Cuando su padre murió, Mary continuó recolectando fósiles para ayudar a su familia. Pero no estaba sola. Su perro, Tray, la acompañaba. Formaban un equipo perfecto. ¡A él también le encantaban los huesos!

Una mañana, Mary estaba en la playa cuando
su hermano Joseph encontró algo en las rocas.
¡Era un cráneo gigantesco, más grande que ella!

Mary pensó que tenía que haber más huesos
escondidos en la arena y empezó a cavar, día tras día.

¡Había descubierto el primer esqueleto completo de un animal que vivió en la época de los dinosaurios!

Un coleccionista le ofreció 23 libras por él, dinero suficiente para alimentar a su familia durante un mes.

El esqueleto era de un tipo de reptil marino llamado ictiosauro y se expuso en el Museo Británico.

En aquella época, solo los hijos de las familias ricas podían ir a la universidad, así que Mary tuvo que aprender por su cuenta. Leía todo lo que caía en sus manos, dibujaba cada fósil que encontraba y anotaba todos sus hallazgos.

Mary se convirtió en una experta en fósiles. Descubrió el primer plesiosauro y, tras estudiar lo que los científicos pensaban que eran unas piedras raras, descubrió que eran... ¡cacas de dinosaurio!

A Mary no le importaba compartir sus conocimientos con los científicos que la visitaban. Pero, tristemente, pocos se portaron como caballeros. Escribieron varios libros usando sus descubrimientos y ninguno mencionó su nombre.

Mary tuvo que esperar casi toda su vida hasta que la Sociedad Geológica de Londres reconoció sus aportaciones y la invitó a convertirse en uno de sus miembros. Poco podía imaginar que un día, una especie de dinosaurio llevaría su nombre.

Y la pequeña Mary, la Madre de la Paleontología, nos dejó un consejo tan valioso como sus descubrimientos: a veces, la gente no reconoce tus logros, ¡pero no te preocupes! El tiempo los pondrá en su sitio.

MARY ANNING

(Nació 1799 • Murió 1847)

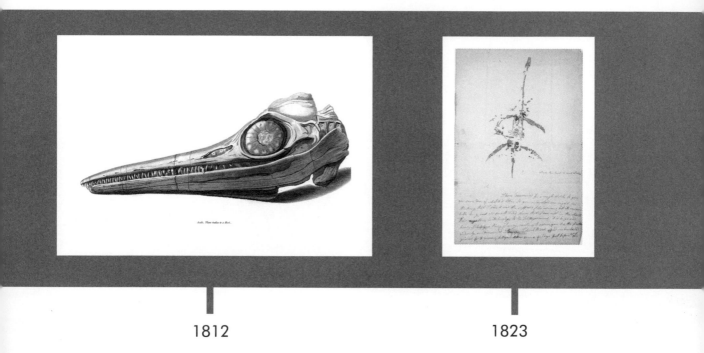

1812   1823

En una soleada mañana de mayo en 1799, Mary Anning nació en el seno de una familia con nueve hijos de Lyme Regis, al suroeste del condado inglés de Dorset. Su padre, Richard, era ebanista y coleccionaba fósiles en su tiempo libre. A los seis años, Mary se unió a él en sus expediciones en búsqueda de fósiles y juntos recorrían las playas que había cerca de su casa. Richard le enseñó a su hija a buscar y limpiar los fósiles para venderlos después en su tienda. En aquella época, la búsqueda de fósiles se estaba haciendo popular entre la gente rica. Muchos eran ávidos coleccionistas y tenían salas llenos de curiosidades. Como muchas niñas de su época, Mary no pudo ir a la escuela y aprendió a leer y escribir por su cuenta. Su padre murió cuando ella tenía once años y a Mary le pidieron que apoyara a su familia. Un año más tarde,

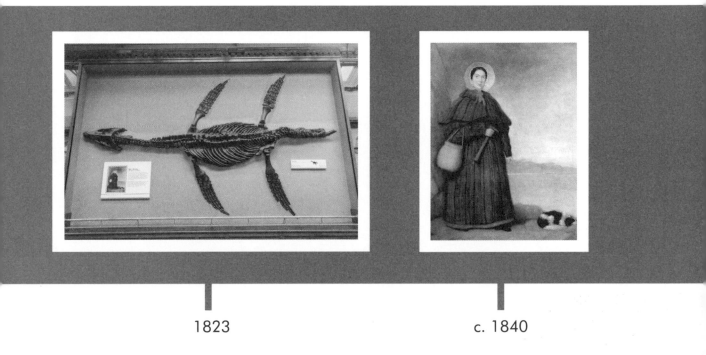

1823

c. 1840

cuando su hermano Joseph descubrió un extraño cráneo fosilizado, Mary lo escavó y descubrió que el cráneo era de un esqueleto de más de 8 metros de largo. Resultó ser un ictiosauro, un reptil marino extinto que había vivido en la época de los dinosaurios. En 1823, Mary fue la primera persona en descubrir un esqueleto completo de plesiosauro. Sin embargo, los científicos de la época no reconocían el trabajo de Mary, a pesar de que escribían sobre sus descubrimientos. En 1828, Mary encontró los restos de un pterodáctilo y se convirtió en la pionera en el estudio de los coprolitos, las heces fosilizadas. Mary siguió descubriendo fósiles hasta su muerte y despertó el interés general por la paleontología. Hoy en día, sus descubrimientos y contribuciones a la ciencia se celebran en todo el mundo.

¿Quieres aprender más sobre **Mary Anning?**
Lee alguno de estos grandes libros:

National Geographic Readers: Los Dinosaurios por Kathleen Zoehfeld

Si vas a Dorset, en Inglaterra, puedes visitar el museo Lyme Regis,
¡el lugar donde vivió Mary!

Rebosante de inspiración creativa, proyectos prácticos e información útil para enriquecer su vida cotidiana, quarto.com es el destino favorito de quienes que persiguen sus intereses y pasiones.

Publicado por primera vez en Inglés en EE. UU. en 2021 por Frances Lincoln Children's Books,
Publicado por primera vez en Español en EE. UU. en 2023 por Frances Lincoln Children's Books,
un sello editorial de The Quarto Group. 100 Cummings Center, Suite 265D, Beverly, MA 01915, EE. UU.
T +1 978-282-9590 **www.Quarto.com**

ISBN: 978-0-7112-8477-7

Tipografía Futura BT.

Publicado por Katie Cotton • Diseñado por Sasha Moxon
Editado por Katy Flint • Producción de Nikki Ingram • Asistencia editorial de Alex Hithersay

Impreso en Guangdong, China CC122022
9 8 7 6 5 4 3 2 1

Créditos fotográficos (páginas 28-29, de izquierda a derecha) 1. 1812 – Fósil del cráneo del ictiosauro que descubrieron Joseph Anning y Mary Anning en 1812. Grabado, 1814. © Granger Historical Picture Archive / Alamy Stock Photo. 2. 1823 (carta) – Carta sobre el descubrimiento de un fósil de plesiosauro, de Mary Anning, 26 de diciembre de 1823 © incamerastock / Alamy Stock Photo. 3. 1823 (foto) – Museo de Historia Natural, Exhibición de plesiosauro descubierto por Mary Anning (1799-1847) © Steve Vidler / Alamy Stock Photo. 4. Ca. 1840 – MARY ANNING (1799-1847), coleccionista inglesa de fósiles y paleontóloga con su perro, Tray. Artista desconocido. © Pictorial Press Ltd / Alamy Stock Photo.

También disponible en tapa blanda en español:

FRIDA KAHLO

COCO CHANEL

MAYA ANGELOU

AMELIA EARHART

AGATHA CHRISTIE

MARIE CURIE

ROSA PARKS

TERESA DE CALCUTA

JANE GOODALL

ZAHA HADID

MARTIN L. KING JR.

GRETA THUNBERG

CORAZON AQUINO

PELÉ

HANS C. ANDERSEN

MARY ANNING

MICHELLE OBAMA

RUTH B. GINSBURG

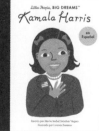

KAMALA HARRIS

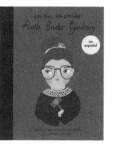

PABLO PICASSO

Gama completa de libros en inglés también disponible
en tapa dura y tapa blanda.